H. Wahr / S. Sammüller

Heute koche ich mal wieder!

Manner kochen
mit Genuss!

H. Wahr / S. Sammüller

Heute koche ich mal wieder!

Männer kochen mit Genuss!

EDITION XXL

Frikadellen mit bayerischem Kartoffelsalat

Zutaten:

Für den Kartoffelsalat:
750 g fest kochende Kartoffeln
2 kleine Zwiebeln
1 TL Klare Gemüsebrühe
6 EL Obst- oder Wein-Branntwein-Essig
Salz, schwarzer Pfeffer
1 Prise Zucker
50 g Speck

Für die Frikadellen:
1 altbackenes Brötchen
2 kleine Zwiebeln
1/2 Bund Petersilie
400 g gemischtes Hackfleisch
100 g rohe Bratwurst
1 TL getrockneter Majoran
2 Eier
1 TL scharfer Senf
Salz, schwarzer Pfeffer, edelsüßes Paprikapulver
2 EL Öl

Zubereitung:

1. Für den Salat die Kartoffeln waschen und mit der Schale in reichlich Wasser je nach Größe in etwa 15 bis 25 Minuten weich kochen. Abgießen, pellen und in dünne Scheiben schneiden.

2. Inzwischen Zwiebeln abziehen und hacken. 250 Milliliter Wasser erhitzen und Gemüsebrühe einstreuen. Die Brühe mit Essig, Salz, Pfeffer und Zucker verrühren.

3. Alle Zutaten mit den Kartoffeln vorsichtig mischen und abgedeckt etwa 30 Minuten ziehen lassen.

4. Für die Frikadellen das Brötchen in einer Schüssel mit lauwarmem Wasser übergießen und quellen lassen. Die Zwiebeln abziehen und hacken. Die Petersilie waschen und ebenfalls hacken.

5. Hackfleisch mit dem Inneren der Bratwurst, dem ausgedrückten Brötchen, Zwiebeln, Petersilie, Majoran, Eiern und Senf gut vermischen. Mit Salz, Pfeffer und Paprikapulver kräftig würzen.

6. Aus dem Fleischteig mit nassen Händen flache Frikadellen formen. Das Öl in einer Pfanne erhitzen und die Frikadellen darin von beiden Seiten braun anbraten. Bei reduzierter Hitze unter mehrmaligem Wenden weitere 10 Minuten fertig braten.

7. Parallel dazu den Speck klein würfeln und in einer zweiten Pfanne ohne Fettzugabe auslassen.

8. Speck unter den Kartoffelsalat mischen. Mit Salz und Pfeffer abschmecken und zusammen mit den Frikadellen servieren.

Tipp:

> Für den Kartoffelsalat möglichst gleich große Kartoffeln verwenden, damit alle zur selben Zeit gar werden.
> Salatvariante: Radieschen waschen, in Scheiben schneiden und unter den Salat mischen.
> Das altbackene Brötchen kann auch durch Toastbrot ersetzt werden.

H. Wahr / S. Sammüller

Heute koche ich
mal wieder!

Männer kochen mit Genuss!

EDITION XXL

4

Seite **66** bis **83**

🍴 **Der Härtetest –**
Die **Schwieger-mutter kommt**

3

Seite **48** bis **65**

🍴 **Eindruck schinden ist nicht schwer**

Obwohl Spitzenköche in der ganzen Welt beweisen, dass Mann kochen kann, zuckt Frau am heimischen Herd bei den Worten „Lass mich mal kochen Liebling" doch innerlich zusammen.

Aber o.k., ein Versuch kann ja nicht schaden.

Zugegeben, dass die Zeitung nicht in der Küche lag war schon klar und das Glas war auch nicht so wichtig, aber ... Kontrolle ist besser. Die Möglichkeit schnell mal zu probieren was da so brutzelt, spart zudem den Anruf beim Pizzaservice.

Und dann stellt Frau entzückt fest: „Mein Mann kann kochen!"

Ja meine Herren und kochende Männer lösen nicht nur bei der eigenen Frau Bewunderung und Anerkennung aus. Mit den Rezepten im vorliegenden Buch haben auch Sie Gelegenheit nicht nur Ihren Hunger zu stillen, sondern auch reichlich Lorbeeren zu ernten.

Besondere Kunstkniffe müssen Sie nicht beherrschen, aber über das „Wasser anbrennen lassen" sollten Sie schon hinaus sein. Die vielen Tipps und Infos helfen über Hürden hinweg und durch die Kapiteleinteilung lässt sich schnell das passende Gericht finden.

Ob Vater und Sohn schnell ihren Hunger stillen wollen oder die Schwiegermutter mit einem Festbraten verwöhnt werden soll – im vorliegenden Buch finden Sie die passenden Anregungen.

Strohwitwer –

Ich hab' trotzdem Hunger

> So kommt schnell was auf den Tisch

Ja, sie hat die Reise angekündigt. Aber mal ehrlich, wer hätte auch ahnen können, dass acht Wochen so schnell vergehen! Und so findet Man(n) sich plötzlich allein in der Küche wieder. Der Magen knurrt, die Vorräte im Kühlschrank sind bereits verbraucht. Wie war das noch einmal – ah ja, selber kochen!

Bei einem Kontrollgang durch Küche, Keller und Vorratskammer wird erst einmal eine Bestandsaufnahme gemacht. Schließlich braucht man ja auch Gewürze, Reis, Nudeln usw. Da findet sich bestimmt noch einiges.

Und schon stehen die nächsten Entscheidungen an. Was will ich eigentlich essen? Welche Zutaten muss ich besorgen und worauf sollte ich dabei achten? Fragen über Fragen, die im Ratgeber- und natürlich im Rezeptteil gelöst werden können.

Herzhafte Gerichte ohne viel Aufwand - das ist der Leitfaden für das erste Kapitel. Dabei kommen durchaus auch raffinierte Gerichte auf den Tisch. Und da es schöner ist, nicht alleine zu essen, sind alle Rezepte auch in diesem Kapitel für 4 Personen angegeben. Andere Strohwitwer sind bestimmt dankbar.

Ratgeber

> Bratensatz

Beim Braten bildet sich in der Pfanne ein leichter Belag, der Bratensatz genannt wird. Durch Einrühren von Brühe, Sahne oder Crème fraîche wird er gelöst und als Grundlage für die Soße verwendet.

> Brühe, Instant

Das Herstellen von Brühe ist aufwändig und bei kleineren Mengen nicht rentabel. Ob Gemüse, Geflügel oder Rind - für alle Gerichte gibt es die passende Instant-Brühe. Sie wird in kochendem Wasser gelöst. Entweder die benötigte Wassermenge kochen, Brühe einrühren und zugeben oder das Wasser direkt zum Gericht geben und die Brühe einstreuen.

> Eier

Sind die Eier noch frisch? Machen Sie den Test: Ei in ein mit Wasser gefüllten Messbecher gleiten lassen. Bleibt es am Boden, ist alles in Ordnung.

> Fachbegriffe

Was soll ich machen? - Am Anfang kann auch ein Kochbuch sieben Siegel haben. Deshalb einige Erläuterungen.

Blanchieren: schnelles Überbrühen mit kochendem Salzwasser

Dünsten: Zubereitung mit wenig Flüssigkeit bei geringer Hitze im fest geschlossenen Topf

Garen: allgemein für kochen, braten, dünsten lassen, bis Gericht fertig ist

Kochen: Zubereitung in reichlich Flüssigkeit

Schmoren: zunächst leicht anbraten und dann im geschlossenen Topf unter Zugabe von wenig Flüssigkeit über längere Zeit fertig garen

Speck auslassen: Ohne weitere Zugabe von Öl wird meist klein geschnittener Speck bei geringer Hitze in einer beschichteten Pfanne angebraten. Dabei tritt das Fett der Speckstücke aus.

> Fleisch, braten

Schneiden Sie Fleisch mit einem scharfen Messer am Rand etwas ein. So wird verhindert, dass es sich beim Braten wölbt.

> Gemüse, aus der Dose

Erbsen aus den Schoten lösen, Bohnen schnippeln, Hülsenfrüchte einweichen? Gemüse aus der Dose (oder dem Glas) erspart viel Zeit.
Beachten sollte man dabei, dass die Dosen keine Beschädigungen aufweisen. Und auch hier gibt es ein Verfallsdatum! Vor dem Kochen das Gemüse immer gut, am besten in einem Sieb, abtropfen lassen.
Eine weitere Alternative zu frischem Gemüse ist Tiefkühlware.

> Käse, gerieben

Für die schnelle Küche gibt es bereits geriebenen, geraspelten Käse (auch Mischungen). Er muss nach dem Öffnen möglichst rasch verbraucht werden, denn der zerkleinerte Käse bietet viel Angriffsfläche für Schimmel und Pilze. Dass Kenner auf frischen Käse schwören, braucht wohl nicht weiter erwähnt zu werden.

> Kartoffeln

Es gibt drei so genannte Kochtypen – fest kochende, vorwiegend fest kochende und mehlige. Für Salate, Salz-, Pell- oder Bratkartoffeln eignen sich fest und vorwiegend fest kochende Sorten. Bei Pürees, Klößen und Suppen werden mehlige Kartoffeln verwendet. Eine entsprechende Kennzeichnung findet sich auf der Packung. – Alles gut und schön, aber zu welcher Sorte gehören die Kartoffeln in der Kiste im Keller? Das lässt sich leicht feststellen. Rohe Kartoffel halbieren und die Schnittflächen aneinander reiben. Tropft Wasser, ist es eine fest kochende Kartoffel; kleben die Schnittflächen aneinander, ist es eine mehlige.

> Kleine Helfer

Auch geübte Köche greifen auf Fertigprodukte zurück, zumal wenn es sich um kleine Helfer wie Instant-Brühe oder auch Soßenbinder handelt. Der bekannte Produktname „Mondamin" kommt übrigens aus dem Indianischen und bedeutet „Freund des Menschen".

> Nudeln

„al dente" ist das erklärte Ziel beim Nudelkochen. Dafür sind folgende Regeln zu beachten: Verwenden Sie einen großen Topf. Pro 100 Gramm Teigwaren nehmen Sie 1 Liter Wasser und 10 bis 12 Gramm Salz. Nudeln erst in sprudelnd kochendes Wasser geben. Topf zudecken bis das Wasser wieder aufkocht, Deckel abnehmen und mehrmals umrühren. Die angegebenen Kochzeiten sind ein Anhaltspunkt, lieber eine Nudel herausnehmen und kosten. Die Pasta hat „Biss", wenn in der Mitte noch ein weißer Punkt zu sehen ist.

Die Nudeln nicht mit kaltem Wasser abschrecken, sie nehmen dann die Soße nicht mehr so gut auf. Pro Person rechnet man als Beilage 70 bis 80 Gramm, als Hauptgericht 100 bis 150 Gramm.

> Pfanne, abdecken

Bei einigen Gerichten wird eine Pfanne mit Deckel (aus Glas) verwendet. Haben Sie kein solches Exemplar, ziehen Sie stattdessen eine Alufolie straff über die Pfannenränder.

> Temperaturen, Kochzeiten

Jeder Herd hat seine Eigenarten. Deshalb können Temperatur- und auch Kochzeitangaben nur als Anhaltspunkte gelten. Also lernen Sie Ihren Herd kennen!

> Tomaten

Beim Einkauf darauf achten, dass sie unbeschädigt und fest sind. Tomaten sind kälteempfindlich, darum im Kühlschrank nur in den Gemüsefächern aufbewahren. Ansonsten bei Zimmertemperatur lagern. Der Stielansatz bleibt beim Garen hart und schmeckt bitter, deshalb sollte er immer entfernt werden.

> Würzen

Was dem einen zu scharf ist, ruft beim anderen nur ein müdes Lächeln hervor. Die Geschmäcker sind eben verschieden. Betrachten Sie deshalb gerade die Mengenangaben bei den Gewürzen als Leitfaden. Probieren geht hier über Studieren. Also am Ende immer kosten und abschmecken.

Frikadellen mit bayerischem Kartoffelsalat

Zutaten:

Für den Kartoffelsalat:
750 g fest kochende Kartoffeln
2 kleine Zwiebeln
1 TL Klare Gemüsebrühe
6 EL Obst- oder Wein-Branntwein-Essig
Salz, schwarzer Pfeffer
1 Prise Zucker
50 g Speck

Für die Frikadellen:
1 altbackenes Brötchen
2 kleine Zwiebeln
1/2 Bund Petersilie
400 g gemischtes Hackfleisch
100 g rohe Bratwurst
1 TL getrockneter Majoran
2 Eier
1 TL scharfer Senf
Salz, schwarzer Pfeffer, edelsüßes Paprikapulver
2 EL Öl

Zubereitung:

1. Für den Salat die Kartoffeln waschen und mit der Schale in reichlich Wasser je nach Größe in etwa 15 bis 25 Minuten weich kochen. Abgießen, pellen und in dünne Scheiben schneiden.

2. Inzwischen Zwiebeln abziehen und hacken. 250 Milliliter Wasser erhitzen und Gemüsebrühe einstreuen. Die Brühe mit Essig, Salz, Pfeffer und Zucker verrühren.

3. Alle Zutaten mit den Kartoffeln vorsichtig mischen und abgedeckt etwa 30 Minuten ziehen lassen.

4. Für die Frikadellen das Brötchen in einer Schüssel mit lauwarmem Wasser übergießen und quellen lassen. Die Zwiebeln abziehen und hacken. Die Petersilie waschen und ebenfalls hacken.

5. Hackfleisch mit dem Inneren der Bratwurst, dem ausgedrückten Brötchen, Zwiebeln, Petersilie, Majoran, Eiern und Senf gut vermischen. Mit Salz, Pfeffer und Paprikapulver kräftig würzen.

6. Aus dem Fleischteig mit nassen Händen flache Frikadellen formen. Das Öl in einer Pfanne erhitzen und die Frikadellen darin von beiden Seiten braun anbraten. Bei reduzierter Hitze unter mehrmaligem Wenden weitere 10 Minuten fertig braten.

7. Parallel dazu den Speck klein würfeln und in einer zweiten Pfanne ohne Fettzugabe auslassen.

8. Speck unter den Kartoffelsalat mischen. Mit Salz und Pfeffer abschmecken und zusammen mit den Frikadellen servieren.

Tipp:

> Für den Kartoffelsalat möglichst gleich große Kartoffeln verwenden, damit alle zur selben Zeit gar werden.
> Salatvariante: Radieschen waschen, in Scheiben schneiden und unter den Salat mischen.
> Das altbackene Brötchen kann auch durch Toastbrot ersetzt werden.

Buntes Gemüse-Omelett
mit Schinken

Zutaten:

200 g Champignons
2 Lauchzwiebeln
300 g gekochter Schinken
1 Dose Mais (285 g Abtropfgewicht)
1 Dose Erbsen (280 g Abtropfgewicht)
250 g Tomaten
1 grüne Peperoni

1 Knoblauchzehe
4 EL Öl
8 Eier
Salz, schwarzer Pfeffer

Außerdem:
Bauernbrot

Zubereitung:

1. Champignons putzen und in Scheiben schneiden. Die Lauchzwiebeln putzen, waschen und mit den grünen Blättern in dünne Ringe schneiden. Schinken in Streifen oder Würfel schneiden. Mais und Erbsen gut abtropfen lassen.
2. Die Tomaten überbrühen, abziehen und würfeln, dabei den Stielansatz entfernen. Die Peperoni halbieren, entkernen, waschen und grob hacken. Den Knoblauch schälen und ebenfalls hacken.
3. Öl in einer großen Pfanne erhitzen. Zunächst Knoblauch und Peperoni, dann nach und nach die restlichen Zutaten in die Pfanne geben und kurz garen.
4. Inzwischen die Eier in einer Schüssel mit dem Schneebesen verschlagen. Mit Salz und Pfeffer kräftig würzen.
5. Die Eimasse gleichmäßig über die Zutaten in der Pfanne verteilen.
6. Bei schwacher Hitze stocken lassen. Dabei die Pfanne immer wieder rütteln, damit das Omelett nicht ansetzt.
7. Wenn das Omelett an der Oberfläche gestockt ist, rundherum vom Pfannenrand lösen und in vier Stücke teilen.

Tipp:

> Am besten gelingen Omeletts in gusseisernen oder beschichteten Pfannen.
> Wenn es noch schneller gehen soll, können auch Champignons aus der Dose oder Tiefkühlware verwendet werden.
> Omeletts eignen sich hervorragend zur Resteverwertung da die unterschiedlichsten Zutaten mit der Eimasse vermischt werden können.
> Peperoni – siehe Ratgeber 3. Kapitel

Grüne **Zwiebelsuppe** mit **Speck** und **Champignons**

Zutaten:

400 g Lauchzwiebeln
2 EL Öl
1 EL Mehl
4 gehäufte TL Klare Gemüsebrühe
Salz, schwarzer Pfeffer
1 Prise Zucker

50 g Bauchspeck
1 kleine Dose geschnittene Champignons
(170 g Abtropfgewicht)
Toastbrot
100 g süße Sahne
50 g geriebener, mittelalter Gouda

Zubereitung:

1. Die Lauchwiebeln putzen, waschen und mit den grünen Blättern in feine Ringe schneiden.
2. Öl in einem Topf erhitzen. Lauchzwiebeln darin bei mittlerer Hitze unter Rühren glasig dünsten. Mit Mehl bestäuben.
3. 1 Liter Wasser zugießen, Gemüsebrühe einstreuen und mit Salz, Pfeffer und Zucker würzen. Einmal aufkochen und zugedeckt bei schwacher Hitze 15 Minuten garen.
4. Speck in kleine Würfel schneiden und in einer Pfanne bei geringer Hitze auslassen.
5. Die Champignons gut abtropfen lassen und unter den Speck mischen.
6. Brotscheiben im Toaster kräftig braun rösten. Sahne leicht anschlagen.
7. Champignons und Speck in die Suppe geben. Sahne und geriebenen Käse unterrühren. Noch einmal abschmecken und mit dem Toastbrot servieren.

Tpp:

> Speck auslassen - siehe Ratgeber „Fachbegriffe"
> Variante Toastbrot: Brotscheiben in Streifen schneiden, in etwas Olivenöl in einer Pfanne rösten. Auf Küchenkrepp abtropfen lassen, leicht salzen.
> Sahne leicht anschlagen bedeutet, mit einem Schneebesen schlagen, bis sich die Konsistenz etwas gefestigt hat.

21

Sauerkrautauflauf
mit Kartoffelhaube

Zutaten:

1 Apfel
1 kleine Zwiebel
1 Dose Sauerkraut (4 Portionen, 550 g)
1/2 TL Klare Gemüsebrühe
150 g Kabanossi
6 Portionen fertiges Kartoffelpüree
125 g Kräuterbutter
200 g Gratinkäse
Salz, schwarzer Pfeffer

Zubereitung:

1. Den Apfel schälen, vierteln, entkernen und in Würfel schneiden. Zwiebel abziehen und grob zerkleinern.
2. Sauerkraut mit 100 Milliliter Wasser in einen Topf geben. Gemüsebrühe einstreuen und zusammen mit den Apfel- und Zwiebelstücken unter gelegentlichem Rühren 15 Minuten erhitzen.
3. Inzwischen die Kabanossi in Scheiben schneiden.
4. Backofen auf 200 °C (Umluft 180 °C, Gas Stufe 3) vorheizen.
5. Kartoffelpüree laut Packungsanweisung zubereiten. Weiche Kräuterbutter und Käse unterheben. Mit Salz und Pfeffer abschmecken.
6. Sauerkraut-Mischung zusammen mit der Kabanossi in eine Auflaufform füllen. Kartoffelpüree darauf verteilen.
7. Auflauf in den Ofen geben und etwa 10 Minuten backen. Am Ende kurz die Temperatur erhöhen bis die Kartoffelhaube leicht gebräunt ist.

Tipp:

> Verwenden Sie einen säuerlichen Apfel (z. B. Boskoop oder Cox Orange)
> Statt Kabanossi können Sie auch Chorizo (Knoblauchwurst) oder roh geräuchertes Kasseler verwenden.
> Zum Überbacken lassen sich auch gut Käsereste verarbeiten, z. B. Emmentaler oder Gouda.

Majoran-**Koteletts** mit
Tomaten-Gurken-**Salat**

Zutaten:

4 Schweinekoteletts
1 Bund Majoran
2 Knoblauchzehen
Salz, schwarzer Pfeffer
2 EL Olivenöl
2 EL Crème fraîche

Für den Salat:
1 Salatgurke
4 Tomaten
1 Bund Schnittlauch
150 g Vollmilchjogurt
1 EL Essig
Salz, schwarzer Pfeffer

Außerdem:
Baguette oder Bauernbrot

Zubereitung:

1. Das Fleisch waschen, trockentupfen und an den Rändern leicht einschneiden.
2. Majoran waschen und grob hacken.
   Die Knoblauchzehen schälen und in dünne Scheiben schneiden. Beides mit Salz, Pfeffer und Öl verrühren.
3. Kotelett mit der Mischung gut einreiben.
   Abgedeckt im Kühlschrank marinieren lassen.
4. In der Zwischenzeit für den Salat die Gurke gründlich waschen und in dünne Scheiben hobeln. Die Tomaten waschen, würfeln und dabei die Stielansätze entfernen. Den Schnittlauch waschen und in Röllchen schneiden.
5. Schnittlauch unter den Jogurt mischen, den Essig unterschlagen. Mit Salz und Pfeffer abschmecken.
6. Tomaten und Gurken mit der Salatsoße mischen und durchziehen lassen.
7. Die Koteletts mit der Marinade in einer Pfanne von beiden Seiten gut anbraten. Hitze reduzieren und pro Seite etwa weitere 4 Minuten braten.
8. Fleisch aus der Pfanne nehmen und warm stellen. Den Bratensatz mit Crème fraîche lösen und über das Fleisch verteilen. Mit Salat und Brot servieren.

Tpp:

> Intensiver schmeckt das Fleisch, wenn es mindestens 1 Stunde mariniert.
> Salatgurken müssen nicht geschält werden. Gut abwaschen genügt.
> Beim Mischen der Zutaten für das Salatdressing ruhig kräftig mit einer Gabel oder dem Schneebesen durchschlagen. Dadurch wird der Jogurt cremiger.

Bratkartoffeln aus rohen Kartoffeln mit Leberkäse und Tomatensalat

Zutaten:

700 g fest kochende Kartoffeln
2 Zwiebeln
4 EL Öl
Salz, schwarzer Pfeffer, edelsüßes Paprikapulver,
Kümmelkörner
4 Scheiben Leberkäse

Für den Salat:

1 kg Tomaten
2 Zwiebeln
1/2 Bund Schnittlauch
1/2 Bund Basilikum
1/2 TL getrockneter Oregano
1 EL Essig
Salz, schwarzer Pfeffer
3 EL Olivenöl

Zubereitung:

1. Die Kartoffeln schälen, waschen und in nicht zu dünne Scheiben schneiden. Zwiebeln abziehen und in grobe Streifen schneiden.
2. Das Öl in einer großen Pfanne erhitzen. Kartoffelstücke und Zwiebeln darin unter ständigem Wenden anbraten. Bei schwacher Hitze in der geschlossenen Pfanne etwa 15 Minuten braten. Dabei mehrmals wenden.
3. In der Zwischenzeit für den Salat die Tomaten waschen, achteln und dabei die Stielansätze entfernen. Die Zwiebeln abziehen und in Ringe schneiden. Schnittlauch und Basilikum waschen. Schnittlauch in Röllchen schneiden, Basilikum fein hacken. Tomaten und Zwiebeln mischen und mit allen Kräutern bestreuen.
4. Essig, Salz, Pfeffer und Öl zu einem Dressing verrühren und über den Salat geben. Vorsichtig mischen.
5. Die Temperatur bei den Kartoffeln erhöhen. Mit Salz, Pfeffer, Paprikapulver und Kümmelkörnern gut würzen. Bei offener Pfanne weitere 5 Minuten braten bis sie braun und knusprig sind. Kartoffeln aus der Pfanne nehmen und auf Küchenpapier abtropfen lassen.
6. Leberkäse in der Pfanne kurz von beiden Seiten bräunen. Mit Bratkartoffeln und Salat servieren.

 **Tipp:**

> Am besten lassen sich Bratkartoffeln natürlich mit Pellkartoffeln vom Vortag zubereiten. Bei dieser schnellen Variante kann man seine Gelüste gleich stillen.
> Die Pfanne muss so groß sein, dass die Kartoffeln nicht in zwei Schichten darin liegen. Sonst in zwei Pfannen oder portionsweise braten.

Spagetti in würziger Tomatensoße

Zutaten:

1 große Zwiebel
2 Knoblauchzehen
1/2 Bund Basilikum
2 EL Olivenöl
2 EL Puderzucker
2 EL Rotweinessig

1 TL scharfer Senf
1 Packung passierte Tomaten (500 g)
1 TL Klare Gemüsebrühe
Salz, schwarzer Pfeffer
500 g Spagetti
geriebener Parmesankäse

Zubereitung:

1. Zwiebel und Knoblauchzehen schälen und fein hakken. Basilikum waschen, die Blättchen abzupfen und grob zerkleinern.
2. Öl in einer Pfanne erhitzen. Zwiebel und Knoblauch darin bei geringer Hitze glasig dünsten. Puderzucker einrühren. Mit Rotweinessig ablöschen, kurz aufkochen lassen. 200 Milliliter Wasser, Senf und passierte Tomaten zugeben. Gemüsebrühe einstreuen, mit Salz und Pfeffer abschmecken. Bei geringer Hitze etwa 15 Minuten schmoren lassen.
3. Inzwischen die Spagetti in reichlich Salzwasser laut Packungsanweisung bissfest kochen.
4. Basilikum in die Soße einrühren, nochmals abschmecken.
5. Spagetti abgießen, mit der Soße vermengen und mit geriebenem Parmesankäse servieren.

Tipp:

> Sie können auch gefriergetrocknetes oder tiefgekühltes Basilikum verwenden (je ca. 2 Teelöffel).
> Wenn Sie frische Tomaten verwenden, benötigen Sie etwa 1 Kilogramm. Sie werden überbrüht, abgezogen und gewürfelt.

Schuss und Tor –
Heute gibt's was zu feiern

> Das schmeckt nicht nur
in der Herrenrunde

Also sprechen wir das noch einmal durch. Christoph hat den Fernseher mit dem Großbildschirm. Überflüssige Möbel können bei Michael untergestellt werden. Zusätzliche Stühle bringt Patrick mit. Kinder und Frauen haben die Karten für den Zirkus. Telefon und Hausklingel werden abgeschalten, die Getränke sind bereits gekühlt. Aber halt – was gibt es zu essen?

Auf Fastfood und nur Knabbersachen haben Sie jetzt sicher keine Lust mehr. Schließlich haben Sie inzwischen mindestens den Rang einer halben Kochmütze erkocht. Und in Gesellschaft schmeckt sowieso alles noch besser.
Und bald wird es heißen: „Du musst unbedingt dein Gulasch machen, oder bring doch diesen leckeren Nudelsalat mit."

Sobald die Freunde merken, wie viel Anerkennung Man(n) mit Kochkünsten erntet, wird sich so manch einer auch an den Herd wagen.

Ob Fußballübertragung im Fernsehen, Geburtstagsfeier oder Grillparty, es gibt viele Gelegenheiten um mit Freunden zu essen. Also viel Spaß beim Planen, Kochen und Feiern.

Ratgeber

> Crème fraîche & Co.

Zum Verfeinern von Soßen und Suppen ist Crème fraîche bestens geeignet. Es schmeckt leicht säuerlich und flockt durch den hohen Fettgehalt beim Erwärmen nicht aus. Inzwischen gibt es auch die kalorienbewusstere Variante Crème légère. Die süße Geschmacksrichtung deckt Crème double ab.

> Finger food Platte

Jeder Rezeptteil reicht für 4 Personen. Aber erstens isst man in einer gemütlichen Runde mehr als üblich und zweitens lassen sich alle Häppchen gut einfrieren. Die Dips halten sich, gut geschlossen, ein paar Tage im Kühlschrank.

Um das Angebot zu erweitern reichen Sie Tortilla-Chips, Kräcker oder Gemüsestücke (z. B. Stangensellerie, Möhren, Paprikaschoten). Dips immer bis kurz vor dem Servieren abgedeckt kühl stellen.

Erdnussbutter besteht aus Erdnüssen, Salz und Öl. In Amerika ist sie ein beliebter Brotaufstrich und dient als Grundlage zu Dips und Marinaden. Bei uns wird sie meist als „Erdnusscreme" bezeichnet und ist mit (crunchy) und ohne (creamy) Erdnussstückchen erhältlich.

Salatgurken enthalten sehr viel Wasser. Um den Dip nicht zu verwässern, wird die Gurke zunächst mit Salz bestreut um Wasser zu entziehen. Geschieht dies in einem Sieb, so kann das Wasser gleich ablaufen. Ansonsten Gurkenraspeln ausdrücken.

Saté-Spieße: Fleisch waschen, trocknen und, in Klarsichtfolie gewickelt, im Gefrierfach anfrieren lassen. Das Fleisch lässt sich nun besser schneiden.

> Fisch

Frischen Fisch erkennen Sie am frischen Geruch. Das mag zunächst verblüffen, aber ein Fisch darf auf keinen Fall „fischig" riechen. Bei ganzen Fischen sind klare, leicht vorstehende Augen ein Frischezeichen.

Viel hängt von der Lagerung ab. Achten Sie darauf, ob der Fisch auf reichlich Eis gelagert ist. Ein guter Händler kann Ihnen den Fisch fachmännisch ausnehmen und küchenfertig vorbereiten.

Auch Fisch hat Saison. Berücksichtigen Sie dies bei Ihren Planungen und lassen Sie sich beim Fischhändler beraten.

> Gemüse und Obst – waschen und schälen?

Warum um alles in der Welt soll ich den Apfel (die Möhre) erst waschen, wenn ich ihn (sie) sowieso schäle?

Das liegt an den möglichen Schadstoffen auf der Schale. Und die übertragen sich vor allem durch Berührung, also genau in der Zeit, in der Sie das Obst oder Gemüse schälen. Deshalb immer vorher gründlich warm waschen.

> Gewürze

Verschiedene Hersteller bieten eine große Auswahl an Gewürzen und Gewürzmischungen. Sie sollten immer kühl, trocken und dunkel gelagert werden. Gemahlene, gerebelte Gewürze verlieren nach dem Öffnen der Packung innerhalb eines halben Jahres Würzkraft und Aroma. Kaufen Sie also Gewürze die Sie selten verwenden in kleinen Mengen.

Würzen Sie nie direkt aus der Packung in die heißen Speisen. Durch Kochdampf verkleben die Gewürze, werden klumpig und verlieren schneller an Aroma. Also immer zuerst auf einen Löffel oder in die gehöhlte Hand und dann in den Topf.

> Kräuter

Gerade bei etwas aufwändigeren Rezepten benutzt man bevorzugt frische Kräuter. Frische Kräuter immer unter fließendem Wasser waschen und etwas trockenschwenken.

Braucht man nur eine geringe Menge, bieten sich als Alternative getrocknete, gefriergetrocknete oder tiefgekühlte Kräuter an, die es inzwischen in einer großen Auswahl gibt.

Verwendet man getrocknete Kräuter für Salate, sollten diese etwa 30 Minuten im Dressing ziehen damit sie ihr volles Aroma entfalten.

> Reis

Weltweit gibt es über 8000 Sorten Reis. Bei uns unterscheidet man aber nicht nach Sorten, sondern nach der Art der Verarbeitung.

Es gibt Reis im Kochbeutel und lose. Wenn mit Obst o. ä. verfeinert werden soll, brauchen Sie losen Reis.

Langkorn- und Patnareis: bleibt beim Kochen körnig und locker. Eignet sich für Beilagen und Salate.

Parboiled Reis: ist nach einem speziellen Verfahren behandelt, enthält aber, wie der Naturreis, alle wichtigen Nährstoffe und Vitamine. Er hat den Vorzug, dass er nicht so lange Kochen muss.

Basmatireis: einer der feinsten Langkornreisarten. Er sollte vor dem Kochen gewaschen und eingeweicht werden. Passt gut zu indischen Gerichten.

Milchreis: dieser Rundkornreis wird breiig und klebrig. Er wird überwiegend für Süßspeisen verwendet.

Risotto: auch dies ist ein Rundkornreis. Auch geeignet für Paela.

> Salat-Dressing

Die Qualität von Öl und Essig haben beim Salat-Dressing entscheidenden Einfluss auf den Geschmack. Das Mischverhältnis beträgt 3 Teile Öl und 1 Teil Essig.

Dressing immer zunächst in einer separaten Schüssel, am besten mit einem Schneebesen verrühren, abschmecken nicht vergessen. Das Öl wird immer zuletzt untergerührt!

Majonäse, Jogurt, saure Sahne, Zitronensaft, Ketschup und andere fertige Gewürzsoßen lassen sich ebenfalls für Dressings verwenden.

Salat-Dressing kann, gut verschlossen, einige Tage im Kühlschrank aufbewahrt werden.

Bei Blattsalaten das Dressing erst unmittelbar vor dem Servieren über den Salat geben, sonst fällt er zusammen und wird unansehnlich.

Herzhaftes Gulasch
mit Tomaten-Kopfsalat

Zutaten:

Für das Gulasch:
800 g Rindfleisch (Schulter oder Keule)
400 g Zwiebeln
4 Knoblauchzehen
3 EL Butterschmalz
2 EL Rosenpaprika
2 EL edelsüßes Paprikapulver
2 EL Tomatenmark
1 Dose geschälte Tomaten (400 g)
400 ml Rinderfond (aus dem Glas)

1/4 l herber Rotwein
je 1 grüne und gelbe Paprikaschote
Salz, schwarzer Pfeffer

Für den Salat:
1 Kopf Grüner Salat
250 g Tomaten
1 kleines Bund Schnittlauch
150 g Vollmilchjogurt
1 EL Essig
1 Prise Zucker
Salz, schwarzer Pfeffer

Zubereitung:

1. Fleisch waschen, trockentupfen und in etwa 3 Zentimeter große Würfel schneiden. Die Zwiebeln abziehen, halbieren und in Scheiben schneiden. Knoblauchzehen abziehen und grob hacken.
2. Butterschmalz in einem großen Topf erhitzen. Fleisch darin bei starker Hitze portionsweise anbraten. Jede Portion wieder herausnehmen. Dann bei schwacher Hitze Zwiebeln und Knoblauch unter Rühren braten.
3. Fleisch wieder zugeben. Mit Paprikapulver würzen. Tomatenmark untermischen, dabei den Bratenfond lösen. Geschälte Tomaten zugeben, mit Rinderfond und Rotwein aufgießen, gut verrühren. Kurz aufkochen und zugedeckt bei schwacher Hitze etwa 1 Stunden schmoren, gelegentlich umrühren.
4. Paprikaschoten waschen, putzen und in Streifen schneiden. Unter das Gulasch heben und weitere 15 Minuten schmoren.
5. Inzwischen den Salatkopf putzen, waschen, trockenschwenken und zerpflücken. Die Tomaten waschen, achteln und dabei die Stielansätze entfernen. Den Schnittlauch in Röllchen schneiden.
6. Schnittlauch unter den Jogurt mischen, den Essig unterschlagen. Mit Zucker, Salz und Pfeffer abschmecken.
7. Gulasch mit Salz und Pfeffer abschmecken. Dressing über den Salat verteilen und zum Gulasch servieren.

   Dazu: Salzkartoffeln oder Nudeln

Tipp:

> Sie können auch Kartoffeln direkt im Gulasch kochen. Dafür 300 Gramm Kartoffeln schälen, waschen und in Würfel schneiden. 30 Minuten vor Ende der Schmorzeit unter das Gulasch mischen und darin gar kochen.
> Rühren Sie süße Sahne oder Crème fraîche am Ende unter das Gulasch, dann wird es milder.
> Als Wein eignet sich z. B. ein Spätburgunder.

Italienische Schnitzel

Zutaten:

900 g TK Rahm-Blattspinat
100 ml Milch
4 Schweineschnitzel (à ca. 150 g)
Salz, schwarzer Pfeffer
1 EL Öl
2 Tomaten
200 g Mozzarella
1 EL Amaretto

Zubereitung:

1. Spinat in einem geschlossenen Topf unter Zugabe der Milch bei geringer Hitze 15 Minuten garen. Dabei öfter umrühren.
2. In der Zwischenzeit Schnitzel waschen, trockentupfen und mit Salz und Pfeffer würzen. Das Öl in einer Pfanne erhitzen und die Schnitzel darin pro Seite etwa 3 Minuten braten. Aus der Pfanne nehmen und warm stellen.
3. Die Tomaten waschen, trocknen und in Scheiben schneiden, dabei die Stielansätze entfernen. Mozzarella gut abtropfen lassen und ebenfalls in Scheiben schneiden.
4. Den Spinat nach der Garzeit vom Topf in die Pfanne umfüllen, Amaretto zugeben, gut unterrühren, kurz aufkochen lassen und mit Salz und Pfeffer abschmecken.
5. Schnitzel auf dem Spinat verteilen und mit Tomaten und Mozzarella belegen. Mit Salz und Pfeffer würzen. Deckel auf die Pfanne legen und auf der abgeschalteten Herdplatte stehen lassen (so schmilzt der Mozzarella leicht).

Dazu: Bandnudeln oder Ciabatta (ital. Weizenbrot)

 **Tipp:**

> Statt Mozzarella können Sie auch geriebenen jungen Gouda oder eine Gratinkäse-Mischung verwenden.
> Ohne Alkohol: Mehr Milch zugeben. Für den Nussgeschmack 2 Esslöffel gehakkte Haselnusskerne oder Mandelblättchen kurz in einer Pfanne rösten und unter den Spinat heben.

Bunter Nudelsalat

Zutaten:

200 g Nudeln (Hörnchen)
2 Eier
4 Möhren
2 gelbe Paprikaschoten
100 g Gewürzgurken
150 g Salami in dünnen Scheiben
150 g gekochter Schinken
100 g Emmentaler Käse

4 Tomaten
1 kleine Zwiebel
1 Knoblauchzehe
150 g Sahnejogurt
150 g Crème fraîche
1 EL Weinessig
Salz, schwarzer Pfeffer
edelsüßes Paprikapulver

Zubereitung:

1. Nudeln in reichlich Salzwasser bissfest kochen, abtropfen lassen. Die Eier in 7 Minuten hart kochen, kalt abschrecken und erkalten lassen.
2. Inzwischen die Möhren waschen, schälen und mit der Gemüsereibe in feine Scheiben hobeln. Die Paprikaschoten waschen, trocknen und putzen. Die Gewürzgurken abtropfen lassen. Alles in Scheiben schneiden.
3. Salami und Schinken grob schneiden, den Emmentaler Käse in feine Streifen schneiden. Die Eier schälen und achteln. Alle Zutaten in einer großen Schüssel vorsichtig vermengen.
4. Die Tomaten waschen, trocknen und klein würfeln, dabei den Stielansatz entfernen. Die Zwiebel und Knoblauchzehe abziehen und fein hacken.
5. Sahnejogurt, Crème fraîche und Weinessig mit einem Schneebesen verrühren. Zwiebel und Knoblauchzehe unterheben, mit Salz, Pfeffer und Paprikapulver abschmecken. Die Tomatenwürfel unterheben.
6. Dressing unter den Salat mengen und abgedeckt bei Raumtemperatur 20 Minuten ziehen lassen.

Tipp:

> Für empfindliche Mägen die Zwiebel und die Knoblauchzehe für das Dressing kurz in Öl dünsten.
> Wenn Sie den Salat zu einer Feier mitbringen: Erst an Ort und Stelle mit dem Dressing vermengen, dabei aber an die Ruhezeit denken.

Kräutermakrelen
mit Apfel-Mandel-Reis

Zutaten:

4 küchenfertige Makrelen (à ca. 400 g)
Salz, schwarzer Pfeffer
2 EL Zitronensaft
1/2 Bund Petersilie
1/2 Bund Basilikum
2 Knoblauchzehen
1 TL getrockneter Thymian
1 TL Rosmarinnadeln
150 g Crème fraîche
Öl

Für den Reis:
250 g Langkornreis
1/4 l Apfelsaft
2 Äpfel
50 g Mandelblättchen
1 EL weiche Butter

Zubereitung:

1. Backofen auf 180 °C (Umluft 160 °C, Gas Stufe 2 bis 3) vorheizen.
2. Fische gründlich waschen und trockentupfen. Mit Salz und Pfeffer innen und außen einreiben und mit Zitronensaft beträufeln.
3. Petersilie und Basilikum waschen, trocknen und fein hacken. Knoblauch abziehen und ebenfalls hacken. Zusammen mit Thymian, Rosmarin und der Crème fraîche mischen.
4. Makrelen großzügig mit der Kräutermischung füllen.
5. Vier ausreichend große Stücke Alufolie mit Öl bestreichen. Fische darin jeweils gut verpacken. Auf ein Backblech legen und im Ofen etwa 35 Minuten garen.
6. Inzwischen den Reis garen. Dabei als Flüssigkeit den Apfelsaft verwenden und entsprechend Wasser zufügen.
7. Die Äpfel gründlich waschen, trocknen, vierteln, das Kerngehäuse entfernen und in feine Scheiben schneiden. Die Mandelblättchen ohne Zugabe von Fett in einer Pfanne leicht anrösten. Apfelscheiben, Mandelblättchen und Butter unter den fertigen Reis mischen.

Tipp:

> Die Makrelen lassen sich auf die gleiche Art auch auf dem Grill zubereiten. Dann sind sie nach etwa 10 bis 12 Minuten gar.
> Sie können auch geräucherte Makrelen oder Forellen verwenden.

Finger food Platte
mit dreierlei Dips

Zutaten:

Erdnussbutter-Dip:
1/2 TL Klare Gemüsebrühe
4 EL Erdnussbutter, 2 EL Sojasoße, 2 EL Honig
1 Knoblauchzehe, Ingwer- und Chilipulver
1 EL Erdnussöl

Tomaten-Gurken-Dip:
1 Salatgurke, Salz
2 Fleischtomaten, 1 Bund Schnittlauch
2 Knoblauchzehen
250 g Jogurt, 250 g Sahnequark
schwarzer Pfeffer

Ananas-Curry-Dip:
1 Dose Ananasstücke (145 g Abtropfgewicht)
150 g Magerquark, 125 g Crème fraîche
Cayennepfeffer, 1 TL Curry

Saté-Spieße:
400 g Hähnchenbrustfilets, 1 EL Sojasoße,
1 EL Sherry, 1 EL Zitronensaft, je 1/2 TL Curry,
Ingwerpulver, Zucker und schwarzer Pfeffer, Öl

Hackfleischbällchen:
1 altbackenes Brötchen, 1 Zwiebel
50 g grüne Oliven (ohne Stein, aus dem Glas)
50 g Sardellenfilets (Anchovis, aus dem Glas)
500 g gemischtes Hackfleisch
2 Eier, Salz, Cayennepfeffer, edelsüßes
Paprikapulver, 2 EL Öl

Schnitzel-Würfel:
300 g Schweineschnitzelfleisch am Stück
Salz, schwarzer Pfeffer,
2 Zucchini, 20 Scheiben Bacon, Öl

Zubereitung:

1. Erdnussbutter-Dip: 125 Milliliter Wasser zum Kochen bringen, Gemüsebrühe einrühren. Ernussbutter, Sojasoße und Honig gut untermischen. Knoblauch abziehen, fein hacken und in die Soße geben. Mit Ingwer- und Chilipulver abschmecken. Erkalten lassen. Das Erdnussöl langsam zugießen, gut umrühren.
2. Tomaten-Gurken-Dip: Salatgurke waschen, schälen und fein raspeln, mit Salz bestreuen. Tomaten waschen und würfeln, dabei von den Stielansätzen befreien. Den Schnittlauch waschen, trocknen und in feine Ringe schneiden. Knoblauchzehen abziehen und hacken. Alles mit Jogurt und Quark mischen, mit Salz und Pfeffer abschmecken.
3. Ananas-Curry-Dip: Ananasstücke gut abtropfen lassen. Mit Quark und Crème fraîche mischen. Dip mit Cayennepfeffer und Curry abschmecken.
4. Für die Saté-Spieße Fleisch waschen, trockentupfen und in dünne Scheiben schneiden. Aus Sojasauce, Sherry, Zitronensaft, Gewürzen und 2 Esslöffel Öl eine Marinade rühren. Fleischscheiben darin 8 Stunden im Kühlschrank marinieren. Fleisch wellenförmig auf lange Holzspieße stecken. Öl in einer Pfanne erhitzen und die Spieße darin von beiden Seiten etwa 3 Minuten braten.
5. Hackfleischbällchen: Brötchen in lauwarmem Wasser einweichen. Die Zwiebel abziehen. Oliven, Sardellenfilets und Zwiebel hacken. Brötchen ausdrücken und zusammen mit den übrigen Zutaten zu einem Teig verkneten. Mit feuchten Händen kleine Bällchen formen. Öl in einer Pfanne erhitzen und die Bällchen darin unter ständigem Wenden etwa 20 Minuten portionsweise braten.
6. Schnitzel-Würfel: Fleisch waschen, trocknen und in etwa 20 gleich große Würfel schneiden. Mit Salz und Pfeffer würzen. Zucchini gründlich waschen und der Länge nach in 20 Streifen schneiden. Fleischwürfel mit einem Streifen Zucchini und einer Scheibe Bacon umwickeln. Öl in einer Pfanne erhitzen und die Häppchen darin etwa 5 Minuten rundherum braten. Auf Küchenpapier abtropfen lassen und auf kleine Spießchen stecken.

Pudding gelb-rot

Zutaten:

2 Packungen Puddingpulver Vanille
  (für je 1/2 l Milch)
1/2 l Apfelsaft
150 g Kirschen
1/2 l Kirschsaft
200 g süße Sahne
1 Päckchen Vanillezucker
frische Minzeblättchen zum Garnieren

Zubereitung:

1. Puddingpulver einer Packung mit etwa 6 Esslöffel Apfelsaft glatt rühren. Den restlichen Apfelsaft aufkochen, von der Kochstelle nehmen und das angerührte Pulver einrühren. In kalt ausgespülte Puddingformen füllen und im Kühlschrank etwa 30 Minuten erkalten lassen.
2. Inzwischen die Kirschen waschen, trocknen, entkernen und klein schneiden.
3. Das zweite Puddingpulver wie oben beschrieben mit dem Kirschsaft zubereiten. Am Ende die zerkleinerten Kirschen untermengen.
4. Kirschpudding langsam auf den Apfelpudding gießen. Nochmals etwa 1 Stunde kühl stellen.
5. Die Sahne mit dem Vanillezucker steif schlagen.
6. Pudding auf Teller stürzen und mit Sahne und Minzeblättchen garnieren.

Tipp:

> Durch die Mischung Vanillepudding und Obstsäfte lassen sich fruchtige Nachspeisen in vielen Geschmacksrichtungen und Farben (z. B. den Vereinsfarben) zubereiten.
> Wer keine Förmchen hat, kann den Pudding auch in gläserne Portionsschalen füllen und darin servieren.

Holzfällersteaks mit Röstzwiebeln
in Kräuterbutter, Grilltomaten und Salat

Zutaten:

2 große Zwiebeln
2 EL Mehl
2 TL edelsüßes Paprikapulver
Öl
4 Scheiben Schweinenacken (à ca. 200 g)
Salz, schwarzer Pfeffer
1 TL getrockneter Thymian
1 TL getrockneter Rosmarin
125 g Kräuterbutter

Für die Grilltomaten:
4 Tomaten
1 Scheibe Toastbrot

50 g Butter
Salz, schwarzer Pfeffer

Für den Salat:
1 Kopf Grüner Salat
4 EL Öl
1 1/2 EL Balsamico-Essig
1 TL scharfer Senf
Salz, schwarzer Pfeffer
1 Prise Zucker

Außerdem:
Bauernbrot

Zubereitung:

1. Die Zwiebeln schälen und in nicht zu dünne Ringe schneiden. Mehl mit dem Paprikapulver in einer Schüssel vermengen. Zwiebelringe darin wenden.
2. Reichlich Öl in einer tiefen, beschichteten Pfanne erhitzen. Zwiebeln portionsweise knusprig braun braten. Auf Küchenpapier abtropfen lassen.
3. Das Fleisch waschen und trockentupfen. Mit Salz, Pfeffer und Kräutern gut einreiben.
In wenig Öl etwa 10 Minuten braten, dabei öfter wenden. Aus der Pfanne nehmen und warm stellen.
4. Backofen auf 160 °C (Umluft 140 °C, Gas Stufe 1 bis 2) vorheizen. Die Tomaten waschen, trocknen und an der Stielseite möglichst tief kreuzweise einschneiden, dabei die Stielansätze

entfernen. Toastbrot klein würfeln, mit der Butter in die Einschnitte stecken und mit Salz und Pfeffer würzen. In eine ofenfeste Form setzen und im Backofen etwa 10 Minuten garen.
5. Inzwischen etwa 50 Gramm Kräuterbutter in der Pfanne schmelzen lassen. Zwiebelringe kurz darin wenden.
6. Den Salat putzen, waschen, trockenschwenken und zerpflücken. Öl, Balsamico, Senf, Salz, Pfeffer und Zucker zu einem Dressing verrühren. Über den Salat verteilen und mischen.
7. Holzfällersteaks mit Zwiebelringen und restlicher Kräuterbutter anrichten. Dazu Salat, Grilltomaten und Bauernbrot reichen.

Tpp:

> Für die Zwiebelringe soviel Öl verwenden, dass die Pfanne etwa zur Hälfte gefüllt ist. Die Ringe sollen nicht aufeinander liegen.
> Das Fleisch am Rand mit einem scharfen Messer etwas einschneiden. So wird verhindert, dass es sich beim Braten wölbt.
> Zum Braten kann das Öl von den Zwiebelscheiben verwendet werden. Überschüssiges Öl vorher abgießen.
> Pfanne vom Herd nehmen, bevor die Kräuterbutter mit den Zwiebelringen darin vermengt wird. Sonst ist die Hitze zu groß und die Butter verbrennt.
> Dazu passen auch Bratkartoffeln (siehe Rezept Seite 26 / 27)

3

Eindruck schinden ist nicht schwer

> Jetzt darf's schon etwas aufwendiger sein

Nun ist es also so weit: Sie finden sich ohne fremde Hilfe in der Küche zurecht und haben sich schon selber zu gelungenen Gerichten gratuliert. Wenn die Kumpels freiwillig ein zweites Mal zum Essen kommen, ist es an der Zeit, die erworbenen Fähigkeiten auch der Freundin oder Frau nicht länger zu verschweigen.

Jetzt nicht gleich nervös werden – auch Frauen kochen nur mit Wasser. Gewusst wie und was heißt jetzt die Devise.

Also Rezept in Ruhe auswählen und sorgfältig durchlesen. Alle Zutaten einkaufen und bereitstellen. Das Auge isst mit, also auch daran denken, wie das Gericht serviert wird. Es hinterlässt übrigens einen guten Eindruck, wenn die Küche bereits unmittelbar nach dem Kochen ohne Schwierigkeiten betreten werden kann. Noch wichtiger natürlich, wenn in der Küche gegessen wird!

Die Mousse au Chocolat sollte schon rechtzeitig vorbereitet worden sein - aber als „Küchenlogistikprofi" ist das kein Problem mehr. Der Tisch ist gedeckt, der Wein steht bereit. Also entspannt zurücklehnen und genießen.

> Jetzt darf's schon etwas aufwendiger sein

Nun ist es also so weit: Sie finden sich ohne fremde Hilfe in der Küche zurecht und haben sich schon selber zu gelungenen Gerichten gratuliert. Wenn die Kumpels freiwillig ein zweites Mal zum Essen kommen, ist es an der Zeit, die erworbenen Fähigkeiten auch der Freundin oder Frau nicht länger zu verschweigen.

Jetzt nicht gleich nervös werden – auch Frauen kochen nur mit Wasser. Gewusst wie und was heißt jetzt die Devise.

Also Rezept in Ruhe auswählen und sorgfältig durchlesen. Alle Zutaten einkaufen und bereitstellen. Das Auge isst mit, also auch daran denken, wie das Gericht serviert wird. Es hinterlässt übrigens einen guten Eindruck, wenn die Küche bereits unmittelbar nach dem Kochen ohne Schwierigkeiten betreten werden kann. Noch wichtiger natürlich, wenn in der Küche gegessen wird!

Die Mousse au Chocolat sollte schon rechtzeitig vorbereitet worden sein - aber als „Küchenlogistikprofi" ist das kein Problem mehr. Der Tisch ist gedeckt, der Wein steht bereit. Also entspannt zurücklehnen und genießen.

Ratgeber

> Chili, Peperoni

Die Schärfe steckt in den weißen Scheidewänden und Samenkernen. Kurz, im Ganzen gebraten und vor dem Servieren entfernt, hinterlassen sie am wenigsten Schärfe. Meist wird die Schote halbiert, entkernt, gewaschen und klein geschnitten.
Kontakt mit Schleimhäuten soll auf jeden Fall vermieden werden. Deshalb Küchenhandschuhe tragen oder sofort gründlich die Hände waschen.

> Garnelen, tiefgekühlt

Wenn es einmal schnell gehen soll: Die Garnelen in einen Plastikbeutel füllen, verschließen und in lauwarmes Wasser einlegen.
Kleine Garnelen könnte man auch mit der Schale essen - so wird es in Südostasien gemacht (im Wok mit einigen Tropfen Öl geröstet).
Tiefgekühlte Ware ist meist „pfannenfertig", also geschält und vom Darm befreit.

> Orangen, Zitronen filetieren

Von der Frucht oben und unten eine Kappe abschneiden.
Auf ein Brett stellen und mit einem scharfen Messer von oben nach unten schälen. Zwischen den Trennhäuten lassen sich nun die Filets herauslösen.
Die weiße Zwischenhaut sollte dabei entfernt worden sein. Hat es nicht ganz geklappt, machen Sie darauf aufmerksam, dass sich gerade darin wertvolle Flavonoide befinden, die das Krebsrisiko senken und uns helfen jung zu bleiben!

> Panieren

Wenn auch nach dem Braten die Panade noch am Fleisch (oder Fisch) ist und nicht in der Pfanne klebt, dann ist es gelungen. Wenn Sie einige Tipps beachten, dürfte das kein Problem sein.
Immer nur so viel Fleisch in die Pfanne geben, dass es weder aneinander liegt noch den Pfannenrand berührt. Während des Bratens die Pfanne öfter hin und her schwenken. Am Anfang wird eine hohe Temperatur benötigt, deshalb eignet sich Margarine oder Butterschmalz. (Butter verbrennt bei hohen Temperaturen und wird schwarz.) Während des Bratens (reduzierte Hitze) können Sie ruhig ein Stück Butter als Geschmacksträger hinzufügen. Achten Sie auch darauf, dass immer genügend Bratfett vorhanden ist.

> Pilze, frische

Frische Pilze sind recht empfindlich und leicht verderblich. Licht, Wärme und Luftfeuchtigkeit sind zu vermeiden. Am besten gleich nach dem Einkauf im Gemüsefach des Kühlschrankes lagern und so bald wie möglich verwerten.
Pilze müssen gründlich geputzt werden. Dafür nimmt man ein feuchtes Haushaltstuch oder einen Pinsel. Waschen nur bei besonders starker Verschmutzung und auch hier nur kurz, denn sie saugen viel Wasser und werden dann zäh.
Reste von Pilzgerichten mit Zuchtpilzen (Champignons, Austernpilze oder Shiitake), können am nächsten Tag noch einmal erwärmt werden, wenn Folgendes beachtet wird:

50

Rasch abkühlen und zugedeckt in den Kühlschrank stellen. Auf mindestens 70 Grad wieder erwärmen. Dabei leidet allerdings der Geschmack.

> Rouladen füllen und stecken

Beim Füllen darauf achten, dass ein Rand an den Längsseiten frei bleibt.

Die Längsseiten der Rouladen etwas einschlagen, das Fleisch aufrollen und mit Holzstäbchen oder Rouladenklammern feststecken.

> Tomaten abziehen

Mit einem spitzen Messer den Stielansatz heraus-schneiden, die Haut kreuzförmig einschneiden. Tomaten kurz in kochendes Wasser tauchen, in kaltem Wasser abkühlen. Nun lässt sich die Haut gut abziehen.

Bei festen Tomaten kann auch ein Sparschäler benutzt werden. Bei dieser Methode lässt sich die Tomatenschale auch gut als Dekor ver-wenden. Beim Stielansatz die Schale kurz anritzen und mit dem Sparschäler eine Endlos-spirale abschälen. Mit der Schnittseite nach innen zusammenrollen. (Funktioniert auch gut bei Apfel-schalen.)

> Wasserbad

Methode 1: Wasser wird in einem Topf zum Kochen gebracht. Vom Herd nehmen und nun ein kleineres Gefäß (Topf, Schüssel) in das Wasser stellen. Darauf achten, dass kein Wasser in das innere Gefäß gelangen kann.

Methode 2: Dafür wird eine Schüssel benötigt, die so in den Topf gehängt werden kann, dass der Boden die Wasseroberfläche nicht berührt. So kann z. B. Eimasse für Schaumcremen „über einem Wasserbad" aufgeschlagen werden.

> Wein, zum Kochen

Benutzen Sie zum Kochen nicht irgendeinen Wein. Sie wollen ja in erster Linie nicht Flüssigkeit, sondern Geschmack zufügen.

Eine Faustregel heißt: Mit dem selben Wein kochen, der auch als Getränk gereicht wird. Soll es ein ganz edler Tropfen sein, schließen Sie einen Kompromiss. Wählen Sie die selbe Rebsorte aus dem gleichen Anbaugebiet in einer preiswerteren Kategorie.

Bei hellen Suppen, Saucen, Fleisch und Fisch wird Weißwein verwendet, Rotwein entsprechend bei dunklen.

Herzhafte Rinderrouladen
mit Petersilie-Kartoffelpüree

Zutaten:

100 g Bauchspeck
2 Gewürzgurken
1 Zwiebel
scharfer Senf
1 EL Ketschup
1 EL Weißweinessig
200 g süße Sahne
1 TL getrockneter Thymian
1 Bund Suppengrün
4 Scheiben Rinderrouladen (à ca. 180 g)
Salz, schwarzer Pfeffer
2 EL Öl
2 TL Klare Rinds-Bouillon

Für das Kartoffelpüree:

900 g mehlig kochende Kartoffeln
1 Bund Petersilie
100 ml Milch
2 EL Butter
geriebene Muskatnuss

Zubereitung:

1. Den Speck und die Gewürzgurken in feine Streifen schneiden. Die Zwiebel abziehen und fein hacken. 2 Esslöffel Senf, Ketschup, Weißweinessig und 2 Esslöffel Sahne gut verrühren. Thymian unterheben. Das Suppengrün putzen, waschen und zerkleinern.

2. Die Rouladen waschen, trockentupfen, mit der Senfmischung bestreichen und mit Salz und Pfeffer würzen. Gehackte Zwiebel, Speck- und Gurkenscheiben darauf verteilen, etwas festdrücken. Rouladen aufrollen und zusammenstecken.

3. Das Öl in einem Topf erhitzen und das Fleisch darin von allen Seiten braun anbraten. Hitze reduzieren. Suppengrün zugeben, mit 1/2 Liter Wasser ablöschen und die Rinds-Bouillon einstreuen.

4. Alles zugedeckt bei schwacher Hitze etwa 1 1/2 Stunden garen.

5. Die Kartoffeln schälen in gleich große Stücke schneiden und in Salzwasser in 20 Minuten garen.

6. Inzwischen die Petersilie waschen und fein hacken. Milch, Butter und 2 Esslöffel Sahne bei geringer Hitze erwärmen. Die gegarten Kartoffeln abgießen und zerdrücken. Milch-Mischung nach und nach unterrühren. Petersilie unterheben und mit Salz und Muskatnuss abschmecken.

7. Die Rouladen aus dem Topf nehmen und warm stellen. Restliche Sahne und 1 Teelöffel Senf in die Soße einrühren, kurz aufkochen.

 **Tipp:**

> Rouladen stecken (siehe Ratgeber Seite 50)

Safrannudeln
mit Garnelen

Zutaten:

400 g TK-Garnelen (ohne Schale, gekocht)
Salz
400 g Bandnudeln
4 EL Olivenöl
1/2 TL Chiliflocken
1/8 l trockener Weißwein

2 Sardellenfilets
200 g süße Sahne
0,5 g Safranfäden
Zucker
Zitronensaft

Zubereitung:

1. Garnelen in einem Sieb etwa 1 bis 2 Stunden bei Zimmertemperatur auftauen lassen, trockentupfen.

2. In einem Topf reichlich Salzwasser zum Kochen bringen. Die Nudeln darin bissfest kochen.

3. In der Zwischenzeit Öl mit den Chiliflocken in einer Pfanne erhitzen. Garnelen darin von allen Seiten kräftig anbraten, aus der Pfanne nehmen und warm stellen.

4. Weißwein in die Pfanne gießen, Bratensatz damit lösen. Sardellenfilets fein hacken und mit der Sahne und dem Safran zugeben. Bei geringer Hitze etwas einkochen.

5. Die Nudeln abgießen und abtropfen lassen.

6. Soße mit Salz, Zucker und Zitronensaft ab-schmek-ken. Nudeln und Garnelen untermischen und bei kleiner Hitze noch etwa 5 Minuten garen lassen.

Tipp:

> Achten Sie darauf, dass Sie Garnelen ohne Schale kaufen. Ob roh oder gekocht spielt keine Rolle.

> Statt Chiliflocken: 1 Chilischote halbieren, entkernen, waschen und grob hacken.

> Als Wein eignet sich trockener Qualitätswein und Spätlese oder eine reife Riesling Auslese.

> Als Dekor Blumen – na klar. Aber die müssen nicht immer in einer Vase stehen. In gut sortierten Gemüseläden gibt es auch essbare Blüten die über Salate gestreut oder auf Gerichten verteilt werden. Auch dekorativ: Schnittlauch mit bereits sichtbaren Blüten.

Gefüllte Kalbsschnitzel mit Ananas-Reis

Zutaten:

4 dünne Kalbsschnitzel (à ca. 150 g)
1 Knoblauchzehe
1 EL getrockneter Oregano
4 EL Olivenöl
Saft von 1/2 Zitrone
300 g TK-Blattspinat
80 g Gorgonzola mit Mascarpone
Salz, schwarzer Pfeffer

4 EL Mehl
2 Eier
100 g Paniermehl
1 gehäufter EL gehackter frischer Thymian
1 Dose Ananas (145 g Abtropfgewicht)
250 g Langkornreis
etwa 1/4 rote Paprikaschote
Margarine

Zubereitung:

1. Schnitzel waschen und trockentupfen. Knoblauch abziehen und fein hacken. Mit dem Oregano und dem Olivenöl mischen. Zitronensaft langsam zugießen.
2. Das Fleisch auf einer Seite gründlich mit der Marinade bestreichen. Mit Klarsichtfolie abdecken und 1 Stunde im Kühlschrank ziehen lassen.
3. Den Blattspinat laut Packungsanweisung kochen. Etwas abkühlen lassen und in eine Schüssel füllen. Den Gorgonzola zerkleinern und unter den Blattspinat mischen. Mit Salz und Pfeffer abschmecken.
4. Spinat-Käse-Masse auf der mit Marinade bestrichenen Schnitzelseite verteilen. Dabei darauf achten, dass rundherum ein Rand frei bleibt. Schnitzel zusammenklappen und an den Rändern mit einem Messerrücken kräftig andrücken.
5. Die Zutaten für die Panade einzeln auf drei Teller verteilen. Erstens das Mehl, dann die Eier mit einer Gabel aufschlagen und mit Salz und Pfeffer würzen.

Als letztes das Paniermehl mit dem Thymian gründlich vermischen.
6. Nun die Schnitzel nacheinander zuerst im Mehl, dann in den verquirlten Eiern und zum Schluss in der Paniermehl-Mischung vorsichtig wenden. Panade leicht andrücken.
7. Ananas abtropfen lassen, die Flüssigkeit auffangen. Den Reis gar kochen. Dabei für die benötigte Flüssigkeit den Ananassaft verwenden und entsprechend Wasser zufügen.
8. Die Paprikaschote waschen und in dünne Streifen schneiden. Etwa 5 Minuten vor Ende der Kochzeit unter den Reis mengen.
9. Reichlich Margarine in einer Pfanne stark erhitzen. Hitze etwas reduzieren und die Schnitzel von jeder Seite etwa 7 bis 8 Minuten goldbraun braten.
10. Dabei die Pfanne öfter hin und her schütteln. Die Ananas in Stücke teilen und unter den gegarten Reis heben. Zusammen mit den gefüllten Schnitzeln servieren.

Tipp:

> Figurbewusster wird die Füllung mit Gorgonzola (ohne Mascarpone) oder einem anderen Edelpilzkäse.
> Die Schnitzel halten noch besser zusammen, wenn man die Ränder mit kleinen Holzstäbchen zusteckt.
> Tipps für paniertes Fleisch siehe Ratgeber Seite 50.

Filetsteaks mit Pfifferlingen und Bohnen im Speckmantel

Zutaten:

Pfifferlinge (aus dem Glas, 100 g
Abtropfgewicht)
1 kleine Zwiebel
4 Filetsteaks (à ca. 180 g, 2 cm dick)
1 EL Öl
Salz, frisch gemahlener schwarzer Pfeffer
Butter
1 TL getrockneter Oregano
1/2 TL getrockneter Estragon

1/2 TL getrockneter Rosmarin
1 EL Mehl
300 g TK-Bohnen
125 g Bacon (Frühstücksspeck)
4 EL süße Sahne

Außerdem:

Baguette oder Bauernbrot

Zubereitung:

1. Pfifferlinge in einem Sieb gut abtropfen lassen. Zwiebel schälen und hacken.
2. Die Filetsteaks waschen und trockentupfen.
3. Eine Pfanne ohne Fett heiß werden lassen. Öl in die Pfanne geben und die Steaks darin bei starker Hitze auf einer Seite 3 bis 4 Minuten kräftig anbraten. Wenden. Die angebratene Seite kräftig mit Salz und Pfeffer würzen. Die zweite Seite ebenfalls etwa 3 bis 4 Minuten braten.
4. Zeitgleich in einer weiteren Pfanne 4 Esslöffel Butter, die Pfifferlinge, die gehackte Zwiebel und die Kräuter gut vermengen. Unter ständigem Rühren etwa 2 Minuten braten. Mehl unterrühren. Zugedeckt bei schwacher Hitze 5 Minuten garen.

5. Pfanne mit den Steaks nach der Bratzeit vom Herd nehmen. Steaks noch einmal wenden und die zweite Seite ebenfalls würzen. Auf jedes Steak einen Teelöffel Butter setzen. Deckel auf die Pfanne setzen und die Steaks noch etwa 5 bis 10 Minuten (je nach Fleischdicke) ziehen lassen.
6. Inzwischen die Bohnen in Salzwasser in 4 bis 5 Minuten kochen. Abtropfen lassen. Jeweils etwa eine Hand voll Bohnen mit einer Scheibe Frühstücksspeck umwickeln. Kurz von allen Seiten in einer Pfanne anbraten. Mit Pfeffer würzen.
7. Bei den Pfifferlingen die Sahne zugeben und noch einmal aufkochen lassen. Mit Salz und Pfeffer abschmecken. Über den Steaks verteilen und zusammen mit den Bohnen und Brot servieren.

Tipp:

> Bratzeit pro Steak-Seite bei mittlerer Hitze: Nach 1 bis 2 Minuten sind die Steaks „bleu", also noch blutig. Nach etwa 3 Minuten „rare", d. h. rosa mit einem blutigen Kern. Nach 4 bis 5 Minuten „medium" und nach 5 bis 6 Minuten „well done", also durch (was Ihnen kein Steakliebhaber verzeiht).
> Garprobe: Das Steak muss auf Fingerdruck nachgeben. Je weiter ein Steak durch ist, desto härter ist es.

Knoblauch-Sherry Hähnchenbrust
mit Reismischung

Zutaten:

250 g Langkorn-Reis/Wildreis Mischung
800 g Hähnchenbrustfilet (ohne Haut)
Salz, schwarzer Pfeffer, Mehl
8 Knoblauchzehen
1 grüne Peperoni
4 EL Olivenöl

1 TL getrockneter Thymian
1/8 l Sherry
1/2 TL Klare Hühner-Bouillon
1 große Dose geschälte Tomaten (800 g)
150 g Crème fraîche

Zubereitung:

1. Den Reis nach Anweisung körnig weich garen.
2. Das Fleisch waschen und trockentupfen. Mit Salz und Pfeffer gut würzen, mit etwas Mehl bestäuben.
3. Die Knoblauchzehen abziehen. Die Peperoni halbieren, entkernen und waschen. Beides grob hacken.
4. Olivenöl in einer großen Pfanne erhitzen. Die Hähnchenbrustfilets darin von beiden Seiten gut anbraten. Hitze reduzieren. Knoblauch und Peperoni sowie den Thymian zugeben.
5. Mit Sherry ablöschen, etwas einkochen lassen. 1/8 Liter Wasser zugießen, Hühner-Bouillon einstreuen.
6. Tomaten mit einer Gabel etwas zerkleinern und mit der Flüssigkeit ebenfalls in die Pfanne geben. Alles einmal aufkochen und zugedeckt bei geringer Hitze 10 Minuten garen.
7. Das Fleisch aus der Pfanne nehmen und warm stellen.
8. Soße kurz aufkochen lassen, Crème fraîche einrühren und mit Salz und Pfeffer abschmecken.

Tipp:

> Knoblauchzehe ist nicht gleich Knoblauchzehe, auch hier gibt es unterschiedliche Größen. Spätestens am nächsten Tag wissen Sie, ob Sie das nächste Mal weniger verwenden sollten.

> Soll der Peperonigeschmack etwas intensiver sein, geben Sie einige Samenkerne hinzu.

> Als Frühjahrsgericht mit Thaispargel: Spargel in Salzwasser blanchieren und anschließend in Butter anbraten. Mit Salz, Pfeffer und Zitronensaft abschmecken.

Mousse au Chocolat

Zutaten:

150 g Zartbitterschokolade (70 % Kakaogehalt)
30 ml Grand Manier
2 Eigelb
30 g Zucker
200 g süße Sahne
2 Eiweiß

Zubereitung:

1. Schokolade in Stücke brechen, in eine Schüssel geben und über einem heißen Wasserbad unter Rühren langsam schmelzen lassen. Grand Manier zugeben.
2. Eigelb mit Zucker zu einer schaumigen Creme aufschlagen.
3. Die Schokomasse esslöffelweise untermischen.
4. Sahne und Eiweiß getrennt steif schlagen und vorsichtig unterrühren.
5. Mousse in eine Schüssel füllen und abgedeckt mindestens 2 Stunden im Kühlschrank fest werden lassen.
6. Mit einem Esslöffel aus der Mousse Nocken ausstechen und auf einem Teller anrichten.

Tipp:

> Die Schokomasse darf nicht mehr zu warm sein wenn Sahne und Eiweiß untergerührt werden, sonst fällt der ganze Traum in sich zusammen.
> In eine original Mousse-Version gehört Alkohol. Er kann aber auch durch Orangensaft ersetzt werden.
> Etwas fruchtiger: Eine Orange schälen und filetieren (siehe Ratgeber Seite 50) und zum Mousse reichen.
> Gerade Männer lieben diese klassische Nachspeise aus Frankreich. Vielleicht liegt es an der Kombination von Schokolade und Orangengeschmack – sagt man doch beiden eine aphrodisierende Wirkung nach.

Schollenfilets auf Gemüsebett

Zutaten:

300 g Tomaten
500 g kleine Zucchini
200 g Möhren
1/2 Bund Basilikum
1/2 Bund Petersilie
1/2 Bund Schnittlauch
3 EL Öl
Salz, schwarzer Pfeffer

150 g Butter
50 g geriebener Parmesan-Käse
1 Zitrone
4 küchenfertige Schollen (à ca. 250 g)
Mehl
2 EL Margarine

Zubereitung:

1. Tomaten überbrühen, abziehen und grob zerkleinern. Zucchini gründlich waschen und in Würfel schneiden. Die Möhren schälen und in Scheiben schneiden.
2. Basilikum, Petersilie und Schnittlauch waschen. Basilikum und Petersilie hacken (für die Garnitur von der Petersilie einige Stücke beiseite legen), Schnittlauch in Röllchen schneiden.
3. Den Backofen auf 200 °C (Umluft 180 °C, Gas Stufe 3) vorheizen.
4. Öl in einer Pfanne erhitzen. Zucchini und Möhren zugeben und von allen Seiten kurz anbraten. Tomaten untermischen. Mit Salz und Pfeffer würzen. Alles in eine Auflaufform füllen.
5. Butter in der Pfanne langsam zerlassen. Kräuter und Parmesan untermischen. Über dem Gemüse verteilen und im Backofen etwa 15 Minuten backen.
6. In der Zwischenzeit von der Zitrone einige Scheiben als Garnitur abschneiden. Die restliche Zitrone ausdrücken. Die Schollen waschen, trockentupfen und mit dem Zitronensaft beträufeln. Mit Mehl bestäuben, überschüssiges Mehl abklopfen.
7. Margarine in die Pfanne geben und erhitzen. Die Schollen darin portionsweise pro Seite 3 bis 4 Minuten braten.
8. Das überbackene Gemüse auf Tellern verteilen und die Schollen darauf anrichten. Mit Zitronenscheiben und Petersilie garnieren.

Tipp:

> Frisches Baguette dazu reichen.
> Scholle gehört zu den meistgekauften Seefischen. Ihr Fleisch ist zart und mager. Die beste Zeit ist Mai bis Oktober. Die im Mai angebotenen jungen Schollen sind auch unter dem Namen „Maischollen" bekannt.

Marinierte Lammkeule
mit Gemüse

Zutaten:

1,8 kg Lammkeule (entbeint)
3 EL Orangenmarmelade
200 g Jogurt
Orangensaft (etwa 1/2 l)
1 daumengroßes Stück Ingwer
4 große Knoblauchzehen
Olivenöl
Salz, schwarzer Pfeffer
4 Zweige Rosmarin
6 Zweige Thymian

750 g Kartoffeln
1 rote Paprikaschote
1 gelbe Paprikaschote
250 g Zucchini
1/2 Bund Lauchzwiebeln
1 Glas Artischockenherzen
   (220 g Abtropfgewicht)

Außerdem:
Baguette

Zubereitung:

1. Fleisch waschen und trockentupfen, die pergament-artige Haut abziehen.
2. Für die Marinade die Orangenmarmelade mit 2 Esslöffel Jogurt und 4 Esslöffel Orangensaft glattrühren. Ingwer schälen, Knoblauch abziehen. Beides fein hacken und in die Marinade einrühren. 3 Esslöffel Olivenöl zugießen.
3. Fleisch salzen und pfeffern. In eine Schüssel legen und mit der Marinade bestreichen. Abdecken und mindestens 6 Stunden im Kühlschrank marinieren lassen. Das Fleisch ab und zu wenden.
4. Den Backofen auf 160 °C (Umluft 140 °C, Gas Stufe 1) vorheizen.
5. Rosmarin und Thymian waschen und mit einem Küchengarn zusammenbinden. Kartoffeln schälen, waschen und in kleine Würfel schneiden.
6. Lammfleisch aus der Marinade nehmen, abstreichen und kurz in der Pfanne ohne weitere Zugabe von Fett, von allen Seiten scharf anbraten.
7. Lamm auf den mit Öl bestrichenen Grillrost legen.

In die Fettpfanne ein kleines Glas Wasser einfüllen, Kartoffeln und Kräuterstrauß hineinlegen. 20 Minuten braten. Fleisch einmal wenden und mit der Marinade bestreichen.

8. Fleisch mit Alufolie abdecken und eine weitere Stunde bei 200 °C (Umluft 180 °C, Gas Stufe 3) braten. Mit Marinade bestreichen, einmal wenden.
9. Das Gemüse waschen, trocknen, putzen und grob
10. zerkleinern. Artischockenherzen abtropfen lassen. Gemüse eine halbe Stunde vor Ende der Bratzeit unter die Kartoffeln mischen und mit Marinade beträufeln. (Artischocken 20 Minuten später).
11. Lamm aus dem Backofen nehmen und zugedeckt noch etwa 10 Minuten ziehen lassen.
12. Gemüse aus der Fettpfanne nehmen, mit Salz und Pfeffer würzen und warm halten.
13. Den Bratensatz mit 1/4 Liter Orangensaft lösen und in einen Topf umfüllen. Erhitzen und etwas einkochen lassen. Restlichen Jogurt einrühren. Mit Salz und Pfeffer abschmecken.

Tipp:

> Immer darauf achten, dass in der Fettpfanne genügend Flüssigkeit ist. Notfalls etwas Marinade oder Orangensaft direkt zugießen.
> Das Fleisch ruhig großzügig mit der Marinade bestreichen, sie sollte am Ende aufgebraucht sein. Für das Gemüse (Fettpfanne) brauchen Sie etwa 1 bis 2 Esslöffel.

Würziger Fruchtsalat mit Räucherforelle

Zutaten:

Melonenbällchen (aus dem Glas oder der Dose,
135 g Abtropfgewicht)
2 säuerliche Äpfel (z.B. Boskoop)
2 Birnen
40 g geröstete gesalzene Pistazien (mit Schale
ca. 70 g)
150 g Jogurt
2 EL Majonäse
2 EL Chilisoße

1 EL Zitronensaft
Salz, Zucker
2 kleine Stauden Chicorée
1 Kopf Lollo rossa
250 g geräuchertes Forellenfilet

Außerdem:
Toastbrot, Butter

Zubereitung:

1. Melonenbällchen in einem Sieb gut abtropfen lassen. Äpfel und Birnen gründlich waschen, vierteln, das Kerngehäuse entfernen und in feine Scheiben schneiden. Die Pistazien schälen und grob hacken. Alles in eine Schüssel geben.

2. Jogurt, Majonäse, Chilisoße und Zitronensaft verrühren. Mit Salz und etwas Zucker abschmecken. Die Soße über das Obst gießen und zugedeckt 15 Minuten im Kühlschrank durchziehen lassen.

3. Inzwischen den Chicorée waschen, trocknen und die Strünke kegelförmig herausschneiden. Die Chicoréeblätter voneinander lösen und vier Teller damit auslegen.

4. Lollo rossa putzen, waschen, trockenschwenken und zerteilen. Vorsichtig unter das Obst heben und auf den Chicoréeblättern anrichten.

5. Die Forellenfilets in Streifen schneiden und ebenfalls auf dem Salat verteilen.

6. Mit Toastbrot und Butter servieren.

Tipp:

> Melonenbällchen siehe Ratgeber
> Je nach Jahreszeit können Sie bei den Zutaten variieren: Im Sommer frische Honigmelone. Im Winter blaue und weiße Weintrauben. Statt Pistazien Erdnüsse oder Walnusskerne. Statt Lollo rossa und Chicorée eine Mischung aus Radicchio und Feldsalat.
> Wer es noch pikanter mag kann noch einen Schuss Tabasco in die Soße geben.

Rinderschmorbraten
mit Champignon-Lauch-Gemüse

Zutaten:

1 kg Rindfleisch (Schwanzstück, Blume oder
Oberschale)
1 Thymianzweig
5 Zweige Petersilie
6 zerstoßene schwarze Pfefferkörner
1 Lorbeerblatt
3/4 l Rotwein
Salz, schwarzer Pfeffer
1 Zwiebel

2 Möhren
4 EL Öl
2 EL Aceto Balsamico
250 g Bandnudeln
2 EL Crème fraîche

Für das Gemüse:

60 g Bauchspeck
500 g Lauch (Porree)
500 g Champignons
1 TL Klare Gemüsebrühe

Zubereitung:

1. Fleisch waschen und trockentupfen. Für die
Marinade Thymian und Petersilie waschen und mit
Küchengarn zusammenbinden. Mit den Pfeffer-
körnern, dem Lorbeerblatt und dem Wein in eine
Schüssel geben. Fleisch darin zugedeckt 2 Tage im
Kühlschrank marinieren lassen.
2. Fleisch aus der Marinade nehmen, trockentupfen
und mit Salz und Pfeffer würzen.
3. Den Backofen auf 180 °C (Umluft 160 °C, Gas
Stufe 2 bis 3) vorheizen.
4. Zwiebeln abziehen und vierteln. Möhren waschen,
schälen und grob zerkleinern.
5. Das Öl in einem Schmortopf erhitzen und das
Fleisch darin rundherum scharf anbraten. Mit Essig
ablöschen, etwas einkochen lassen, Zwiebel und
Möhren zugeben. Die Marinade durch ein Sieb
zugießen, aufkochen lassen. Gut verschlossen in
den Backofen stellen.
6. Etwa 3 Stunden schmoren lassen, dabei Fleisch ab
und zu wenden und mit dem Schmorsud beschöpfen.

7. Für das Gemüse etwa 1 Stunde vor Ende der
Schmorzeit den Speck in feine Würfel schneiden.
Lauch putzen, waschen und in Ringe schneiden.
Champignons putzen und in Scheiben schneiden.
8. Speck ohne weitere Zugabe von Fett in einer
großen Pfanne auslassen. Lauch und
Champignons untermischen, mit 1/2 Liter Wasser
aufgießen, Gemüsebrühe einrühren, kurz aufkochen lassen und bei geringer Hitze 20 Minuten
garen. Mit Salz und Pfeffer abschmecken.
9. Zeitgleich die Bandnudeln in reichlich Salzwasser
bissfest kochen.
10. Das Fleisch nach Ende der Schmorzeit aus dem
Topf nehmen und vor dem Anschneiden kurz
ruhen lassen. Den Schmorfond durch ein Sieb in
einen Topf gießen, kurz aufkochen und Crème
fraîche untermischen.

Tipp:

> Als Wein eignet sich ein Spätburgunder oder Rioja.
> Zum Gelingen eines Schmorbratens braucht man einen Schmortopf mit dickem
Boden und gut schließendem Deckel.

Tiramisu-Variation
mit Beeren

Zubereitung:

300 g TK-Beerenmischung
200 ml Espresso oder starker Kaffee
4 Eigelb
100 g Zucker
500 g Mascarpone
4 cl Amaretto
200 g Löffelbiskuits
Kakaopulver zum Bestreuen

Zubereitung:

1. Beeren laut Packungsanweisung auftauen.
2. Espresso frisch zubereiten und erkalten lassen.
3. Die Eigelb mit dem Zucker so lange schaumig schlagen, bis sich der Zucker aufgelöst hat und die Creme dick und weiß ist.
4. Mascarpone leicht aufschlagen und mit dem Amaretto mischen. Eigelb-Zucker-Creme unterheben.
5. Bei den aufgetauten Beeren die Flüssigkeit abschütten. Beeren pürieren und mit etwa einem Drittel der Mascarponecreme mischen.
6. Eine rechteckige Form mit der Hälfte der Löffelbiskuits auslegen. Etwa die Hälfte des Espresso langsam über die Biskuits gießen bis sie vollgesogen aber nicht schwammig sind.
7. Die Mascarpone-Beeren-Creme auf den Biskuits verteilen.
8. Mit den restlichen Biskuits belegen, mit dem Espresso tränken und mit der Mascarponecreme bestreichen. Mit Folie abdecken und ca. 4 Stunden in den Kühlschrank stellen.
9. Vor dem Servieren die Tiramisu mit Kakao bestäuben.

Tipp:

> In eine echte Tiramisu gehört Mascarpone (kein Ersatzprodukt). Dabei handelt es sich um einen cremigen italienischen Frischkäse.
> Da hier Eier roh verarbeitet werden, muss noch mehr auf die Frische der Eier und kühle Lagerung des fertigen Desserts geachtet werden (Salmonellengefahr)!
> Zum Dekorieren: frische Beeren je nach Jahreszeit.

Gefülltes Calvados-Huhn
mit Möhrengemüse

Zutaten:

500 g säuerliche Äpfel (z.B. Boskoop)
2 EL Calvados
80 g Walnusskerne
1 kleines Bund Petersilie
150 g Crème fraîche
1 frische Poularde, ohne Innereien (ca. 1,7 kg)
2 EL Butter
400 ml Geflügelfond (aus dem Glas)

Für das Möhrengemüse:
750 g Möhren
2 EL Butter
1/2 EL Zucker
1/2 TL Klare Gemüsebrühe
Salz, weißer Pfeffer

Außerdem:
Baguette

Zubereitung:

1. Äpfel schälen, vierteln, entkernen und in kleine Würfel schneiden. In eine Schüssel geben, mit Calvados beträufeln und zugedeckt etwa 10 Minuten marinieren lassen.
2. In der Zwischenzeit die Walnüsse grob hacken. Eine Pfanne ohne Zugabe von Fett erhitzen. Die Nüsse darin leicht anrösten. Petersilie waschen und hacken.
3. Calvados-Äpfel mit Nüssen, Petersilie und 2 Esslöffel Crème fraîche mischen.
4. Backofen auf 200 °C (Umluft 180 °C, Gas Stufe 3) vorheizen.
5. Poularde innen und außen gründlich waschen und trockentupfen. Von allen Seiten salzen und pfeffern, mit der Apfelmischung füllen und mit Holzstäbchen verschließen.
6. Butter in einem Bräter auf der Herdplatte schmelzen und Poularde darin rundherum anbraten. Zum Schluss mit der Brustseite nach unten in den Bräter legen. Mit Geflügelfond aufgießen.
7. Bräter in den Backofen schieben und die Poularde 25 Minuten braten. Wenden und weitere 40 Minuten fertig braten. Dabei immer wieder mit dem Bratensaft begießen.
8. Für das Gemüse die Möhren putzen, waschen und schälen. In dünne Scheiben schneiden.
9. Butter und Zucker in einem Topf erhitzen und karamellisieren lassen. Die Möhren zugeben und unter ständigem Rühren mit dem Karamell überziehen. 250 Milliliter Wasser zugeben, Gemüsebrühe einstreuen.
10. Mit Salz und Pfeffer würzen. Zugedeckt bei schwacher Hitze 10 Minuten garen. Ab und zu umrühren.
11. Poularde aus dem Bräter nehmen. Den Bratenfond mit der restlichen Crème fraîche verrühren und kurz einkochen lassen. Geflügel mit Gemüse und Baguette servieren.

Tipp:

> Brathähnchen haben meist ein Gewicht von ca. 1,2 Kilogramm. Bei „guten Fleischessern" wird das etwas knapp. Deshalb wurde hier eine Poularde gewählt, was nichts anderes ist als die Bezeichnung für ein Brathähnchen mit mehr als 1,2 Kilogramm Gewicht.
> Geflügel verschließen siehe Ratgeber.
> Üppiger wird das Gericht, wenn Sie noch Reis dazu reichen.

Register

Impressum

© 2004 SAMMÜLLER KREATIV GmbH

Genehmigte Lizenzausgabe
EDITION XXL GmbH
Fränkisch-Crumbach 2004
www.edition-xxl.de

Idee und Projektleitung: Sonja Sammüller
Text: Heidi Wahr
Fotos: Christian Kargl
Food-Styling: Tim Landsberg
Illustration: Herbert Pohlner
Layout: Sonja Sammüller
Satz: Jacqueline Szabó, Sonja Sammüller

ISBN 3-89736-099-3

—